Auf Einer Reise Namens Leben

Translated to German from the English version of

On A Journey Called Life

Ajit Wadhwa

Ukiyoto Publishing

Alle weltweiten Veröffentlichungsrechte liegen bei

Ukiyoto Publishing

Veröffentlicht in 2024

Inhalt Copyright © Ajit Wadhwa
ISBN 9789361726415

Alle Rechte vorbehalten.
Kein Teil dieser Publikation darf ohne vorherige Genehmigung des Herausgebers in irgendeiner Form, sei es elektronisch, mechanisch, durch Fotokopie, Aufzeichnung oder auf andere Weise, vervielfältigt, übertragen oder in einem Datenabrufsystem gespeichert werden.
Die Urheberpersönlichkeitsrechte des Autors sind gewahrt.

Dieses Buch wird unter der Bedingung verkauft, dass es ohne vorherige Zustimmung des Verlegers nicht verliehen, weiterverkauft, vermietet oder anderweitig in Umlauf gebracht wird, und zwar in keiner anderen Form des Einbands oder Umschlags als der, in der es veröffentlicht wurde.

www.ukiyoto.com

Danksagungen

Ich verbeuge mich vor dem allmächtigen Gott, um mir das Talent und den Mut zu geben, mein drittes Gedichtbuch zu veröffentlichen. Meine ersten beiden Gedichtbände „The Winner's Love" und „Different Stokes of Love" haben sich auf der ganzen Welt wunderbar bewährt. Dies ist mein dritter in der Serie. Ich bin meinen Eltern, Dr. S.K. Wadhwa und Frau Adarsh Wadhwa, dankbar, die mich ständig ermutigen, meine Träume zu verfolgen und mich zu führen, um sie durch harte Arbeit und Entschlossenheit zu erreichen. Meine reizende Frau Mani steht hinter mir und das Buch wäre ohne ihre Hilfe nicht möglich gewesen. Meine Kinder Yuvaan und Anaaya genießen auch meine Gedichte und sie lesen eifrig meine neuen Gedichte. Meine Ältesten Aadhar Wadhwa und Archna Wadhwa haben mich immer inspiriert, positiv und anders zu denken. Die Bestätigungen würden ohne die Erwähnung von Herrn Mukesh Kapoor unvollständig bleiben. Ich bin fest davon überzeugt, dass er mich vom Himmel aus segnet. Ich brauche seine Segnungen für immer. Die Unterstützung von Frau Tanu kapoor war beispiellos.

Vorwort

In diesem Gedichtband geht es um die Reise einer Seele in menschlicher Form. Der Zweck unserer Geburt ist nicht, Erfolg zu schmecken und materialistische Gewinne zu genießen. Das endgültige Ziel und die Errungenschaft einer Seele sollte Weisheit, Fortschritt und Evolution sein. Das Vermeiden von "Karma" kann jedoch von Menschen nicht in Betracht gezogen werden. Je mehr eine Seele durch Erfahrungen und Nöte geht, desto verfeinerter und entwickelter wird sie. So wurden alle Phasen eines menschlichen Lebens wie Geburt, Jugend und Alter in diesem Buch behandelt. Sonette mit Emotionen und Kindheitserinnerungen, Jugendüberschwang, Liebesleben, fleischlichen Begierden und Verrat zusammen mit Lebensphilosophien wurden in lyrischer Form für Ihre Lektüre niedergeschrieben. Der Dichter hat versucht, die Tatsache zu untermauern, dass jede Erfahrung in diesem Leben, ob positiv oder negativ, ein Gewinn ist. Ein großer Verlust bringt manchmal mehr Rendite als ein kleiner Gewinn. Unsere Seele wird sich mit jedem Tag weiterentwickeln und ihr ultimatives Ziel ist es, Positivität in diesem Universum zu verbreiten. Begeben wir uns also mit Hilfe einiger zum Nachdenken anregender Gedichte in diesem Buch auf die emotionale und philosophische Reise des Lebens.

Inhalt

Reise einer Seele	1
Ich bin eine Seele	2
Das Leben ist ein	3
Das Ziel des Lebens	4
Ich möchte ein Kind sein	5
Herz & Verstand	6
Haltung ist dein einziger Schatz	7
Der gegenwärtige Moment	8
Die Jugend	10
Der erste Crush	11
Ich liebe dich	12
Ihre Stimme	13
Wie konnte ich nicht auf sie?	14
Möchten Sie in Ihrem arme	15
Ich liebe dich sehr	16
Liebe für immer	17
Das Kapitel der Liebe	18
Wie diese Flüsse fließen	19
Come what may	20
Ich bete für unser Miteinander	21
Ihre Begleitung	22
Die Art und Weise, wie Sie sich interessieren	23
Das Licht	24

Ich kann nicht ohne dich leben	25
Du liebst mich, du liebst mich nicht?	26
Die Liebe, die stark ist	28
Vertraue mir	29
Sie erinnert sich an ihn	30
Die Schönheit, die man bewundern kann	31
Die einsame Seele	33
Das Ende unserer Liebesgeschichte	34
Wer liebt für einen Gewinn	35
Der Unterschied	36
Du hast deine Farbe geändert	37
Warten	38
Die Gefühle	39
Ich vermisse dich	40
Nehmen Sie den Anruf an	41
Du hast einen besonderen Platz	42
Hoffnungsschimmer	43
Erwarte das Unerwartete	45
Gottes eigenes Kind	46
Teamarbeit	47
Ich kann das Licht erkennen	48
Hören Sie den Anruf	49
Die Lösungen des Lebens	50
Der eigentliche Test	51
An wahre Freunde glauben	52
Ich bin kein Stereotyp	53

Seien Sie ein Spieler!	54
Friedliches Leben	55
Fühlen Sie sich wie ein Gewinner	56
Zwei Seiten einer Medaille	57
Befriedige meine Seele	58
Lass mich in Ruhe bleiben	59
Ein Seufzer der Erleichterung	60
Dieser eine schöne Tag	61
Es muss weg	62
Lektionen des Lebens	63
Menschliche Beziehungen	64
Das Schwarze Loch	65
Das letzte Strohhalm	66
Komplementärfarben	67
Was ist in einem Namen?	68
Die Kunst des Erfolgs	69
Die Verfolgungsjagd	70
Nichts ist dauerhaft	71
Tragen Sie Ihre Einstellung	72
Die Intuition	73
Überlassen Sie es der Natur	74
Als Sieger hervorgehen	75
Erfolg	76
Pfad & Schicksal	77
Loslassen	78
Warten Sie, bis Sie an der Reihe sind	79

Unsterbliche Emotionen	80
Die universellen Prinzipien	81
Frau - die bessere Hälfte	82
Die Lebensweisen	83
Ein Team	84
Zufriedenheit	85
Die Erlebnisse	86
Die letzten Tage	87
Das Alter	88
Die Gegenwart bleibt der König	89

Ajit Wadhwa

Reise einer Seele

Frei von allen Arten von Schmerz, Angst, Ekstase und Freude zu sein; Das ist ihr einziges Ziel

Auf diese Erde herabgestiegen ist eine Seele, die rein und dieser Gefühle beraubt ist, und am Ende ihrer Reise

Sie sehnt sich nach der gleichen Freiheit und Reinheit. Das ist ihr einziges Ziel;

Das Endziel einer Seele.

Ich bin eine Seele

Ich bin eine Seele

Ein Energiebündel

Positivität in diesem Universum, das ich erschaffen sollte Ich bin eine Seele ohne Erwartungen an mich

Aber warum bleibt mein Körper unter diesem schweren Gewicht angespannt?

Ich bin eine Seele

Ich bin aus diesem Teufelskreis von Anziehung, Liebe und Lust heraus. Aber warum überschreitet mein Körper all diese Grenzen?

Um seinen Durst zu stillen?

Ich bin eine Seele rein, frei fließend, grenzenlos mitfühlend, zu jedem Benachteiligten und Depressiven. Aber warum kommt mein Körper selten aus diesem Stress heraus?

Ich bin eine Seele und ich möchte all diese Zögern beenden; Löschen Sie alle Grenzen, die zwischen mir und mir bestehen Aber mein Körper hüpft gerne herum

Running Helter- Skelter, Sehnsucht nach Erfolg; Auf der Suche nach Wundern

Vergessen, dass es da drin ist, dieser Elf.

Das Leben ist ein

Von der Seele zum Körper

Wir sind in diesem Universum geboren, um das Leben eines Menschen zu leben. Wir haben alle Kräfte, um zu leisten, zu gewinnen;

Dienen und sich ergeben

Wir werden für einen bestimmten Zweck in dieser Welt geboren Und unsere Geburt auf dieser Erde ist diese Erinnerung

Diese Unschuld, diese Fröhlichkeit, diese Respektlosigkeit; Ist Gottes Botschaft an uns?

Dass dieses Leben ein Geschenk ist

Lebe es mit Spontaneität, lebe es ohne viel Aufhebens!

Das Ziel des Lebens

Ich kam mit ein paar Pfund Körpergewicht auf diese Welt. Ich bin einer der Milliarden, die Gott erschaffen würde.

Was ist der Sinn meines Lebens? Ist es Genuss und Erholung?

Ist es ein Dienst an der Gesellschaft und der Nation?

Was ist der Grund für Leben und Tod?; Herzschlag & Atem

Es ist eine komplexe Theorie, die ein Mensch verstehen kann

Unser oberstes Ziel sollte es sein, unsere Seele zu erheben und zu stärken. Man muss das Leben mit Begeisterung führen

Somatische Zufriedenheit sollte nicht das Ziel sein

Denn Selbstbefriedigung durch Dienst muss das Ziel sein.

Ich möchte ein Kind sein

Keine Anforderungen vom Arbeitsplatz Kein Druck von der Peergroup

Als die Erwartungen an andere mild waren; Gebt mir diese schönen Tage zurück!

Gott! Ich möchte ein Kind sein

Es hat den ganzen Tag Spaß gemacht & viel Spaß gemacht

Cricket, Fußball und Blockmachen mit Sand & Ton Hausaufgaben haben auch Spaß gemacht

Ausreden finden, wir würden nicht zur Schule gehen Cartoons gucken, zu Hause blieben wir

Diese Tiffs mit Freunden, die wir nicht stören würden, von Lehrern zu schimpfen, scheinen nett zu sein. Gib mir diese schönen Tage zurück;

Gott! Ich will ein Kind sein.

Herz & Verstand

Sie predigen mir, zu kontrollieren, zurückzubleiben, festzuhalten! Konnten die Ziele erreicht werden, ohne mutig zu sein? Mein Herz ermahnt mich, in die tiefen Gewässer einzutauchen; in die unsichtbaren Länder zu reisen

Aber mein Verstand hält mich auf

Predigt mir, dass es riskant sein könnte, es könnte kalt sein

Gedanken sind wie Väter, sie sagen uns, was wir tun und was nicht Manchmal schimpfen sie

Und Herzen sind wie Mütter

Sie verwöhnen uns, hören auf unsere ungerechten Forderungen Beide sind für uns wie ein Paar Augen

Für die Schönheiten, die Ängste und die Chancen, die sie sehen.

Ajit Wadhwa

Haltung ist dein einziger Schatz

Ich bin in dieser Welt geboren, um zu überleben Ob ich lange leben oder umkommen würde?

Ich weiß es nicht!

Wenn ich sage: „Ich bin mir meiner Zukunft und meines Lebens sicher!" Ich wäre naiv!

Spaß, Luxus, Misserfolge, Sorgen sind Teil der Lebensreise

Ab geht man einsam und einsam kommt man an Warum diese Besessenheit für materialistische Gewinne?

Denn wir vergessen den Luxus, den wir in der Zeit der Schmerzen haben

Mehr, was Sie erreichen;

Mehr Schritte in Richtung Einsamkeit Man könnte vom Erfolg lernen;

Dass der einzige Schatz die eigene Einstellung ist.

Der gegenwärtige Moment

Ich sehne mich nicht nach Sternen Überhaupt nicht nach luxuriösen Autos

Für andere möchte ich die Messlatte nicht höher legen Was will ich eigentlich dann?

Kann mir jemand Zufriedenheit garantieren?

Das Leben hat sich als Wettlauf herausgestellt;

Es hat sich als Strafe herausgestellt

Ich möchte das Gepäck meiner Vergangenheit wegwerfen Ich möchte nicht an meine Zukunft denken

Ich möchte die Gegenwart genießen, diesen Moment leben.

Ajit Wadhwa 9

Die Jugend

Ich bin jung, voller Energie und Ausgelassenheit Ich freue mich darauf, aber mir fehlt ein bisschen Geduld Ich liebe es, wenn Leute sich zu mir hingezogen fühlen Ich fühle mich auch zu einigen wenigen hingezogen

Ich sehne mich danach, dass meine Popularität und meine Gefolgschaft anschwellen

Ich bin entschlossen, es auszukämpfen, um mein Ziel zu erreichen, würde ich gerne im Team arbeiten

Aber wenn sie sich mir nicht anschließen,

Die gesamte Verantwortung liegt allein bei mir

Ich denke nicht viel über Vor- und Nachteile nach Bücher sind für die alten Schulen

Ich sammle meine Informationen über Registerkarten und Smartphones

Wer wünscht sich nicht einen pompösen und protzigen Lebensstil?

Aber wenn Sie eine Lösung finden;

Ich könnte diese Gesellschaft verändern, die ich entwickeln könnte.

Der erste Crush

Es war ein Alter, in dem sich meine Perspektive auf dieses Leben änderte Es war ein Kind in mir und ich wollte auch schnell wachsen

Diese Gefühle, diese Empfindungen waren seltsam

Ich war am Ende dieser verwöhnenden Kindheit Mit allen Mitteln nicht ausgewachsen

Aber diese Erfahrung war einzigartig, wenn man als Teenager war

Wenn man diese Lächeln und mystischen Blicke empfängt; Einer, der früher errötete

Diese Zeit war reif zu lieben. Das war die Zeit für meinen ersten Schwarm.

Ich liebe dich

Ich bin begeistert von ihrer Persönlichkeit

Ihre Aura erstreckt sich weit weg wie die Sonnenkorona. Das ist ihr charismatisches Lächeln;

Bis die Wirkung einsinkt, dauert es eine Weile

Ihr Aroma macht einen verrückt, wenn sie da ist

Im Rampenlicht steht nur sie und der Hintergrund wird verschwommen

Sie wäre definitiv mein wahr gewordener Traum und ich möchte vor ihr gestehen;

Mit diesen drei magischen Worten: "Ich liebe dich".

Ihre Stimme

Saubere, ruhige Umgebung, das Gras sattes Grün Einige süße Noten von einem Kuckuck

Gleich um die Ecke ist der Frühling

Lass uns spazieren gehen, meine Liebe! Wo überall Ruhe herrscht

Wo dein Zwitschern einen verstärkten Effekt bekommt Ich liebe deine Stimme

Es ist süß wie ein Kuckuck, es ist perfekt

Lassen Sie uns von unserer Zukunft träumen Die Zeit ist gekommen, sich jetzt niederzulassen Es ist der Wunsch dieser Saison Es ist der Wunsch dieser Natur.

Wie konnte ich nicht auf sie?

Wenn ich dich ansehe

Schau auf deine Einfachheit, deine Unschuld, deine Offenheit, deine Freundlichkeit

Wie könnte ich widerstehen?

Wie könnte ich mich nicht in dich verlieben?

Wenn ich dich reden sehe

Wenn ich mir die Art und Weise ansehe, wie du gehst, möchte ich dir nahe kommen

Ich bin dein wahrer Bewunderer, ich stalke nicht

Ich gestehe! Es ist ein anderes Gefühl, es ist einzigartig, es ist neu. Wie könnte ich mich nicht in dich verlieben?

Möchten Sie in Ihrem arme

Meine Erinnerungen sind so zerbrechlich, es ist lange her;

Ich möchte für eine Weile in deinen Armen sein. Deine Gegenwart ist so sicher und beruhigend. Deine Liebe ist so erfrischend und bewegend. Ich möchte für immer bei dir sein.

Liebe! Dieses Leben war so leer ohne dich und deine Fürsorge.

Ich liebe dich sehr

Kühle Brise weht

Durch deine glatten und langen Haare, die frei fließen, wenn ich in deine verträumten Augen schaue

Weg geht mein Stress, dass melancholische Fliegen

Es geht nicht um deine Schönheit

Es geht mehr um deine Fürsorge, deinen Gedanken Deine bloße Anwesenheit verbreitet Freude Deshalb liebe ich dich sehr.

Liebe für immer

Spiel keine Spielchen mit mir, Schatz!
Ich verstehe die Dinge; auch wenn ich nicht schlau bin
Du flirtest weiter mit mir und wenn ich dir nahe komme;
Mich zu betrügen ist dein einziges Bestreben, aber du solltest dich daran erinnern, dass meine Liebe für dich für immer ist

Es gibt viele Sterne in dieser Galaxie Aber am hellsten ist die Sonne
Ich meine es ernst mit dir Denn Liebe macht nicht immer Spaß
Liebe hat einen bitter-süßen Geschmack Und für dich ist meine Liebe für immer.

Das Kapitel der Liebe

Ich mag die Art, wie du liebst Die Liebe, die subtil ist Die Liebe, die einfach ist Die Liebe, die rein ist

Deine Unschuld, die ich nicht hätte ignorieren können

Deine verträumten Augen, deine rosigen Lippen

Ich liebe den Weg, für dieses Selfie, das du posierst, leite ich diese Traumperiode meines Lebens und ich möchte nicht, dass diese Phase endet. Dieses Kapitel soll geschlossen werden.

Wie diese Flüsse fließen

Liebe ist Aufregung, Liebe ist Ekstase Aber unsere Liebe ist ruhig

Genau wie wenn die Samen gesät werden und die Frucht langsam ist Unsere Liebe bewegt sich langsam, wie in Ebenen fließen diese Flüsse

Es braucht Zeit, um zu verstehen Es braucht Zeit, um zu wissen

Es braucht Zeit, sich zu verlieben

Es wird einige Zeit dauern, bis ich unter allen gestehe; Deine Persönlichkeit ist weit über

Es braucht Zeit, sich zu nähern Es braucht Zeit, sich zu lösen

Es wird einige Zeit dauern, einige schöne Gedichte für Sie zu schreiben Bis jetzt war alles in Prosa

Unsere Liebe ist wahr & transparent So klar & frisch wie Schnee

Unsere Liebe bewegt sich langsam, wie in den Ebenen fließen diese Flüsse.

Come what may

Während der ganzen Nacht und während des Tages werde ich dich weiterhin lieben

Komm, was will!

Härten würden dort bleiben. Aber Sie sollten Ihr Flair nicht verlieren. Gemeinsam, mit unseren Bemühungen;

Diese Schwierigkeiten werden wir töten, ich werde dich weiterhin lieben

Komm, was will!

Wir werden triumphierend aus diesen dunklen Tagen hervorgehen Um zu gewinnen, werden wir unsere eigenen unterschiedlichen Wege finden Die Belohnungen, die wir ernten werden

Wenn wir hart und im Geiste spielen, werde ich dich weiterhin lieben

Komm, was will!

Ich bete für unser Miteinander

Du vergisst nicht, mich einmal am Tag anzurufen und wenn du gehst;

Du sagst immer, dass du nicht gehen willst; dass du bleiben willst

Wie könnte ich meine Liebe zu dir ausdrücken? Ich habe keine Worte zu sagen

Ich möchte, dass du ein integraler Bestandteil meines Lebens bist und für immer in meinem Leben bleibst;

Das bete ich.

Ihre Begleitung

Wenn mein Leben ein Schiff ist, bist du das Dock. Du bist der Klebstoff, der meine Familie bindet.

Du hältst dieses Nest für unsere Herde bequem

Wenn die Notwendigkeit entsteht, in schwierigen Zeiten; Sie sorgen für diese beruhigende Wirkung

Und stehe hinter uns wie ein fester Fels

Dieses Leben ohne dich ist unvorstellbar

Denn deine Kameradschaft macht mich mutig und fähig.

Die Art und Weise, wie Sie sich interessieren

Wenn du diese dummen Gewohnheiten von mir nicht anerkennst Die Art, wie du mich ansiehst;

Dieser tödliche Blick

Du hast mich geschimpft, wie meine Mutter es immer getan hat Ich liebe die Art und Weise, wie du dich kümmerst

Ich kann mein Leben ohne dich einfach nicht ergründen Ich kann es einfach nicht wagen

Ich habe es dir noch nicht vermittelt, bevor ich jetzt meine inneren Gefühle bloßstelle

Ich liebe dich

Und ich liebe die Art und Weise, wie du dich kümmerst.

Das Licht

Das Licht, das mich leitet Zufriedenheit & Balance, die sie mir gibt

Das Licht, das mich liebt, das Licht, das empathisch ist Sie ist das Licht meines Lebens

Das Licht, das mir den richtigen Weg zeigt

Das Licht, das die Dunkelheit um mich herum zerstreut, macht diese harten Fahrten reibungslos

Das Licht, das mich begeistert Das Licht voller Ausgelassenheit & Jugend

Das Licht rational & vernünftig

Cool und berechnend ohne Verzweiflung und Zorn Sie ist das Licht, das mich liebt;

Das Licht, das mir den richtigen Weg zeigt.

Ich kann nicht ohne dich leben

Das Miteinander der Tage Die Intimität der Nächte Die Zeit der Liebe

Diese impulsiven Momente & Kämpfe Unsere Bindung wird stärker; Und die Beziehung reift

Du bist meine einzige Liebe. Das ist sicher.

Du liebst mich, du liebst mich nicht?

Du liebst mich, du liebst mich nicht?

Ich bin immer mit diesem Gedanken beschäftigt Für mich, Freuden im Überfluss, die du gebracht hast Und es gibt keine Zweifel in meinem Kopf, dass ich dich sehr liebe

Du bist die einzige Vertrauenswürdige, die ich habe Und du bist einzigartig

Niemand könnte diesen Platz jemals füllen

Sie waren in der Lage, unsere Beziehung zu beleben, die im Begriff war zu verrotten

Nur aus diesem Grund liebe ich dich sehr!

Die Liebe, die stark ist

Ich will geliebt werden

Ich liebe die Art, wie du liebst; denn deine Liebe ist rein

Deine Liebe macht Vertrauen in mich Deine Liebe macht mich sicher

Bei der Liebe geht es nicht nur um Wertschätzung Es geht nicht darum, diese Kurven zu lieben

Ich liebe dich;

Weil du dafür sorgst, dass ich mich sicher fühle Du beruhigst meine Nerven

Bei Liebe geht es nicht um Urlaub & gutes Essen Liebe ist, wenn man als Barista auftritt

Wenn Sie Cappuccino zubereiten und servieren Dieser faule Sonntagnachmittag, diese schöne Zeit

Ja, ich will geliebt werden

Ich habe diesen kurzfristigen, momentanen Spaß satt Ich möchte lange geliebt werden

Die Liebe, die versichert Die Liebe, die stark ist.

Vertraue mir

Weiß sind die Blätter Darunter ist die Göttin der Liebe

Wie konnte ich widerstehen, ihren Körper zu lieben und zu verehren?

Unten und oben

Dies ist die Nacht voller Wünsche Beide Leichen brennen

Der Schweiß sickert von ihren Kugeln herunter und erzeugt Kräuselungen im Inneren

Ich weiß, dass für mich die Zeit perfekt ist, um dieses Heiligtum der Liebe mit einer Rutsche zu betreten

It's not love now, it's pure bliss And I'll be your trusted partner forever

Du könntest mir vertrauen.

Sie erinnert sich an ihn

Die kühle Brise, die mich von oben nach unten bis zu meinen Füßen küsst

Das hat mich gerade an deine Berührung erinnert

Und meine Tränen, die diesen Winter gefroren sind

Die Hoffnung ist verloren

Und ich konnte spüren, dass die Chancen knapp sind; dass wir uns treffen,

Aber niemand konnte dir deine Erinnerungen entreißen; die in meinem Herzen verschlossen sind

Die Erinnerungen, die es zu bewahren gilt, die Erinnerungen, die süß sind.

Die Schönheit, die man bewundern kann

*Du und ich mitten in dieser Nacht Diese nackte Realität,
dieser schöne Anblick Die Körper verstrickt & die Seelen
vereint*

Diese Bewegungen im Einklang und der Rhythmus schufen

Es war lange fällig Die Nacht ist dampfig

Es würde mir diese Zufriedenheit schenken, die lange ansteht

Meine Emotionen unkontrollierbar;

*Deine Schönheit und dein Körper müssen bewundert werden Es
würde ein bisschen dauern*

Schatz! Lass die Liebe sich Zeit Nimm mich nicht falsch!

Auf Einer Reise Namens Leben

Die einsame Seele

Mir fehlt der Frieden und die Ruhe Mein Frieden, den jemand gestohlen hat

In einer Galaxie leuchtender Sterne bin ich das einzige Schwarze Loch

Mein Leben war hart

Ich bekam von Anfang an Ablehnungen Ich war ein "Karma" -Gläubiger Das Schicksal spielte auch eine große Rolle

Ich wollte ein normales Leben führen Wollte nicht unerschütterlich sein Meine Freunde ließen mich auch fallen Sie spielten eine schmutzige Rolle

Lass mich jetzt in Einsamkeit leben, ich bin eine einsame Seele.

Das Ende unserer Liebesgeschichte

Es war verheerend für mich Und du hast den ganzen Ruhm bekommen Das war das Ende; Zu unserer Liebesgeschichte

Du hattest eine Leidenschaft für deine Karriere Du hattest ein großes Potenzial als Schauspieler

Ich war es, der den Charakter verlassen hat. Du warst meine Liebe, mein Leben.

Ich habe davon geträumt, dein Mann zu sein, und du, meine Frau

Es gibt keine Übereinstimmung zwischen Erfolg und Misserfolg Ja, ich habe dir die feineren Nuancen des Theaters beigebracht

Aber eine Schöpfung sollte nicht von ihrem Schöpfer geliebt werden

Dein Leben ist jetzt ein superschneller Zug Und ich bin immer noch ein altmodischer LKW Ich bete, dass du all den Ruhm bekommst

Ach! es ist jetzt das Ende unserer Liebesgeschichte.

Wer liebt für einen Gewinn

Alles war verloren Wer liebt für einen Gewinn?
Liebe ist wenig Freude und aller Schmerz

Mein Körper wurde entsorgt und meine Seele getötet
Wie ein ausgetrocknetes Land, das auf ein paar Regentropfen wartet Aber es gibt keine Anzeichen von Licht
In diesem langen und dunklen Tunnel zerrissener Körper, gerammte Seele; Es ist alles Schmerz
Wer liebt es, etwas zu gewinnen?

Der Unterschied

Liebe ist heutzutage zerbrechlich Menschen meinen es nicht ernst, sie spielen Spiele

In Mode sind die Theaterstücke In Mode sind diese Stücke

In den sozialen Medien scheint der Betrüger echt zu sein Und der echte wird als "Betrüger" eingestuft

Es gibt einen Unterschied zwischen Zusammenleben und Lieben auf Facebook

Zerbrechlich ist unsere Geduld

Die Gemüter gehen häufig verloren Dinge, die in der Webwelt rosig aussehen Erweisen sich in der Realität als Schocker Und die Realität beißt

Wenn die Liebe abrupt in einem Kampf endet, wenn der Tag unerträglich wird und der Horror zur Nacht wird

Wenn wir nachdenken;

dass es besser gewesen wäre, einen starken Charakter zu bevorzugen; als einen eingängigen Look

Es gibt einen großen Unterschied zwischen dem Zusammenleben und dem Lieben auf Facebook.

Du hast deine Farbe geändert

*Du hast gesagt, dass ich der Herzschlag deines Herzens bin;
einer von euch*

In Ihrem Garten;

Ich war die schönste Blume Aber es dauerte nicht lange;

Um mir das Herz zu brechen

*Das Mädchen, das einst für dich charismatisch war, bekam
Kopfschmerzen*

*Als Sie behaupteten, dass es meine Ursache war, wurde unsere
Beziehung problematisch*

*Es war so einfach für dich gewesen, mich fallen zu lassen und
zu gehen Und ich konnte es immer noch nicht glauben*

Dass du kein Teil meines Lebens bist

*Ich & mein Selbstvertrauen sind in ein tiefes Loch gefallen, wo
es dunkel und verschwommen ist*

Warum hast du einmal nicht an mich gedacht?

Für Sie dauerte es nicht lange, bis Sie Ihre Farbe änderten.

Warten

So tief war unsere Liebe Die Gefühle so tief
Und wir haben uns gegenseitig versprochen,
Dass wir bis in alle Ewigkeit unsere Worte

Ach! Die Differenzen traten auf Und für die Versöhnung war es ein bisschen spät

Nun, diese Zeit ist vorbei und diese verlorenen Momente Es gibt nicht mehr viel für mich;

Aber warte.

Die Gefühle

Tief in meinem Herzen weigert sich dein Gedächtnis einfach zu verblassen

Der Herzschlag unterstützt mich auch nicht Jeder meiner Atemzüge atmet den Duft deines Körpers ein

Und mit jedem Schlag;

Gefühle der Trennung & Melancholie akzentuieren.

Ich vermisse dich

Nichts ist schön ohne dich Ohne dich gibt es eine Art Vakuum, das ich ohne dich gut halte Vermutest du es nie!

Es gibt diese Hülle der Stille rundherum, durchlöchert von einigen Chirrup-Noten eines Spatzen. Die Welt ist für mich geschrumpft.

Dieser Weg der Liebe ist schmal geworden

In Ihrer Abwesenheit haben sich die Dinge geändert Die Nächte sind kälter geworden

Da meine Unsicherheit immer kühner wird, brauche ich es nicht noch einmal zu erwähnen, dass unsere Liebe wahr war

Bitte! Komm bald wieder! Ich vermisse dich!

Nehmen Sie den Anruf an

Es war alles, was ich zu bieten hatte
Ich gab dir mein Herz, meine Liebe, meine Seele Ich gab dir mein ganzes

Ich war kein Objekt, ein Prunkstück für Ihren Schaufensterbummel
Ich hatte einige Gefühle, einige Erwartungen Aber, von einem Mädchen zum anderen
Du hüpfst weiter

Was hätte ich sonst tun können?
Um dich zu gewinnen, um dir diese Befriedigung zu geben Möchtest du etwas anderes?
Außer sexueller Befriedigung

Ich werde diese Tortur beenden, jetzt bin ich auch ein bisschen verwirrt
Wie werde ich ohne dich leben? Aber ich muss diesen Aufruf für meinen Frieden und meine Zukunft annehmen;
Dieses Opfer soll zu klein sein.

Du hast einen besonderen Platz

Es ist Zeit, sich zu verabschieden Es ist Zeit, sich zu verabschieden

Der Moment stand unmittelbar bevor Du brauchst nicht zu weinen

Trennung ist hart, aber es ist die Realität des Lebens Es ist eine gegenseitige Entscheidung

Wir werden mit Respekt voreinander gehen, unsere eigenen Prinzipien und Positionen intakt halten

Ich werde immer für deinen Wohlstand und dein Wachstum beten. Du wirst für immer einen besonderen Platz in meinem Herzen haben. Für mich ist es ein Gewinn und ein Verlust, beides.

Hoffnungsschimmer

Lass mich vor Reue brennen

Ich interessierte mich nur für deinen Körper, diese Kurven, die ich nie jemanden schätzte, der

Meine Situation hat sich jetzt von schlecht zu schlechter verändert

Ich weiß nicht, ob es die Ursache meiner Taten ist; oder dein Fluch?

Mit gebrochenem Herzen, die Wunden Ich bin Goanna Krankenschwester In Trauer denke ich immer an dich

Allein im Wald taumle ich

Gibt es eine Chance, sich zu versöhnen?

Um unsere Trennung umzukehren

Ich habe immer noch einen Hoffnungsschimmer, dass ich ohne dich nicht leben kann

Es wird immer schwieriger, damit fertig zu werden.

44   Auf Einer Reise Namens Leben

Erwarte das Unerwartete

Das Leben ist eine lange, beschwerliche Reise
Man sollte sich nicht von harten Zeiten stören lassen Die Reise könnte langsam und stetig sein
Aber seine Kontinuität ist der Schlüssel

Einige Phasen werden ein Kuchenspaziergang sein Einige Zaubersprüche könnten traurig, melancholisch sein;
Wo man anfängt, an seinen eigenen Kollegen zu zweifeln, würde man ihnen nicht einmal vertrauen und reden

Das Leben ist nicht das Fußballspiel von ein paar Minuten Es ist Glücksspiel, ein ununterbrochenes Spiel, voller Risiken
Will man überleben, muss man bieten
Und du solltest bereit sein, das Unerwartete zu erwarten.

Gottes eigenes Kind

Ich habe keine Angst vor Widrigkeiten

Die Zeiten könnten hart sein, vielleicht mild. Ich nehme sie mit.

Ich weiß nicht, wie diese komplexen Rätsel so einfach gelöst werden können?

Denn ich glaube, dass ich Gottes eigenes Kind bin

Warum bist du so traurig?

Es ist schon eine Weile her, als du das letzte Mal gelächelt hast. Du musst dich ergeben.

Und du wirst kommen, denn du bist Gottes eigenes Kind.

Teamarbeit

Warum so viel Angst, warum Eifersucht?

Was ist dein Groll gegen mich?

Unter deinem unangemessenen Druck werde ich mich nicht bewegen!

Ich weiß, dass es der Lackmustest ist Und ich muss beweisen, dass ich der Beste bin

Es könnte Hindernisse geben, einige Dummköpfe Aber meine Absicht ist richtig

Erfolg zu haben ist ein langer und mühsamer Prozess Es passiert auf dieser Suche

Weder konntest du schnappen, was für mich bestimmt ist; noch konnte ich auf deinen Träumen mein Nest bauen. Lass uns als Team arbeiten;

Mit Engagement, Aufrichtigkeit und Lebensfreude.

Ich kann das Licht erkennen

Das Ergebnis steht vor der Tür Mein Leben hat Tiefs und Höhen gesehen Ich habe immer versucht, mein Bestes zu geben

Es sollte jetzt das Ende dieses Kampfes sein Am Ende dieses Tunnels jetzt;

Ich kann dieses Licht erkennen

Die Tortur war lang gewesen

Ich habe eine Meile zurückgelegt, um dem furlong anderer zu entsprechen. Die Qual war immer da

Mal intensiv, mal leicht

Mein Spaziergang war langsam

Aber die Morgendämmerung ist jetzt um die Ecke. Es wäre das Ende dieser dunklen Nacht. Ursache am Ende dieses Tunnels;

Ich kann das Licht erkennen.

Hören Sie den Anruf

Höre einfach den Ruf deines Gewissens Hab keine Angst zu fallen

Das Leben hat viele Überraschungen auf Lager. Man kann diese nicht alle entfalten

Du hast die Chance, aufzusteigen

Zu fürchten und in Panik zu geraten ist nicht klug, denn ein Löwe könnte überleben;

Auch wenn es nicht Teil des Stolzes ist

Respekt zu geben und zu verdienen ist von größter Bedeutung. Man erhält keine großen Renditen;

Mit Doppelzüngigkeit & Vortäuschung

Man könnte eine tödliche Verletzung mit einem Türsteher bekommen; Und man könnte große Läufe im Cricket punkten; Mit dem gleichen Ball

Höre einfach den Ruf deines Gewissens Hab keine Angst zu fallen.

Die Lösungen des Lebens

Das Leben ist, sich zu bewegen; schnell, mit einem Halt oder langsam Das ist es, was die Philosophien bekennen Das ist es, was wir alle wissen

Es bleibt wenig Zeit für Selbstbeobachtung Es gibt nur wenige Momente, um zu entscheiden; ob diese Idee gescheitert ist;

Oder hätten wir es mit Perfektion tun können?

Aber es gibt keine Möglichkeit zu stoppen, denn stehendes Wasser stinkt immer

Und Lethargie war definitiv ein Flop

Das Leben ist ein Test, der komplex und kompliziert ist Es gibt keine getesteten Lösungen

Die Abhilfemaßnahmen, die heute akzeptabel sind, könnten morgen irrelevant, veraltet werden.

Ajit Wadhwa

Der eigentliche Test

Bei unserem Sieg sickert das Selbstvertrauen raus Wir sind begeistert, voller Elan

Aber es gibt einen echten Test!

Wenn wir verlieren, obwohl wir unser Bestes geben

Wenn wir an der Seite der Wahrheit sind

Wenn wir etwas für die Armen und Schwachen tun wollen Für ihre Rechte protestieren wir

Das ist der eigentliche Test

Wenn wir kämpfen, um über die Runden zu kommen Und wir schleifen unsere Körper, Schicht für Schicht, um ein paar Dollar, Pfund, Rupien zu verdienen Der Körper sagt nein, aber der Geist sagt ja Wenn wir ohne Pause arbeiten

Das ist der eigentliche Test.

An wahre Freunde glauben

Harte Arbeit ist dein Freund Geduld ist dein Mentor

Verlassen Sie diese beiden niemals Sie sind Ihre einzigen wahren Freunde

In diesen schwierigen Zeiten würden sie dir immer helfen,

Keine Sorge! Wenn Ihnen das Charisma fehlt, denken Sie daran, an Ihre Freunde zu glauben. Kommen Sie, was kann, spielen Sie einfach fair!

Ich bin kein Stereotyp

Es ist eine Dornenkrone Weil ich kein Stereotyp bin

Was würde ich erreichen, wenn ich Teil dieser Menschenmenge wäre? Ich will mich nicht verstecken; hinter den Lügen, diesem Grabtuch

Lass die Geduld mein Freund sein Ich möchte die Ruhe annehmen

Ich möchte nicht laut sein

Es ist keine Substanz drin! Warum gibt es so viel Hype?

Ich kann nicht so sein wie du Du kannst nicht so sein wie ich

Denn ich bin kein Stereotyp!

Seien Sie ein Spieler!

Du willst mich verunsichern! Lass mich deinen Mut testen

Es ist besser, den Finger nicht in die Affäre anderer zu stecken. Das Leben ist ein großes, langes Spiel.

Spielen Sie es mit Weisheit, spielen Sie es fair

Es gibt Horden von Zuschauern Aber nur wenige sind die Anführer

Seien Sie Teil des Verfahrens, seien Sie ein Spieler!

Friedliches Leben

Was steckt in einem Plan?

Ich konnte nicht immer ein Gewinner sein!

Um sein Leben zu führen, gibt es eine Million andere Wege!

Macht Druck eine bessere Leistung? Bleiben Sie einfach in Bewegung, langsam und stetig! Früher oder später würden Sie Ihr Schicksal erreichen

Disziplin & Ethik stehen im Vordergrund Mit diesen könnte man jeden Fluss überqueren; Man könnte jedes Reittier erklimmen

Man muss sich zufrieden fühlen; sich am Ende des Tages zufrieden fühlen

Wir brauchen ein friedliches Leben, dafür müssen wir beten.

Fühlen Sie sich wie ein Gewinner

Was könnte ich tun?

Könnte ich das Wechselgeld mitbringen? Könnte ich die Veränderung sein? Habe ich die Fähigkeiten?

Was sind meine Fähigkeiten? Ich bin gerade wahnhaft!

Ich kann jetzt nicht kämpfen!

Ich will aufstehen! Erneut beginnen!

Und ich weiß nicht wie?

Eines ist sicher, dass ich vor dieser Welt nicht kratzen werde. Es gibt hier viele Angestellte, deren Seelen verkauft werden. Ich werde das Beste aus meinem Potenzial herausholen;

Denn ich fühle mich nicht wie ein Verlierer; denn ich fühle mich nicht wie ein Schuldiger.

Zwei Seiten einer Medaille

Schau dir diesen blauen Himmel an!

Wie schön ist diese Szene Wenn dieser Vogelschwarm am Himmel fliegt

Wenn es nieselt

Es scheint der Himmel mit dieser kühlen Brise

Aber die Charaktere ändern sich Es ist Realität, auch wenn es seltsam ist

Wie schön ist das Aussehen eines Löwen auf einer Safari?

Die Looks sind charismatisch, sie werden binden!

Könnten wir uns irren, wenn wir diese Looks als großzügig und freundlich betrachten?

Es gibt zwei Seiten einer Persönlichkeit; Zwei Seiten einer Medaille

Ein heftiger Regenguss verursacht Chaos Solch ein Bösewicht scheint der Himmel zu sein!

Es gibt Phasen im Leben, verschiedene Seiten von Persönlichkeiten Nach einer Zeit der Freude muss man weinen.

Befriedige meine Seele

Ist mir egal

Ob dir meine Arbeit oder Troll gefällt?

Ich mache meine eigene Arbeit Ich kann nicht allen gefallen

Ich werde zu meinen Prinzipien stehen Ich werde meine Seele befriedigen

Das Leben ist ein Hochleistungsspiel Es ist nicht immer ein Abendball Wenn es hundert Meter ist, kann man nicht einfach spazieren gehen

Der Respekt muss für alle da sein

Ich werde zu meinen Prinzipien stehen und meine Seele sättigen.

Lass mich in Ruhe bleiben

Lassen Sie mich abseits bleiben

Gleichgültig gegenüber den Schemata und Verschwörungen zögere ich, diese spaltenden Prophezeiungen zu akzeptieren

Lassen Sie mich diesen Lehren fernbleiben

Die Lehren, die Radikalismus und Blutvergießen propagieren Jene Lehren, die Krieg dem Brotverdienen vorziehen.

Lassen Sie mich dieser materialistischen Welt fernbleiben, in der Füchse den Schlafplatz beherrschen

Die getöteten Löwen und ihre Haut verkauft

Lass mich in Ruhe bleiben

Denn ich war, ich bin & ich werde originell sein und ich kann nicht der Klon eines anderen werden.

Ein Seufzer der Erleichterung

Ich fahre nirgendwohin

In meinem Leben gab es diese kurze Flaute, wenn alles langweilig und langweilig erscheint

Dieselbe Routine, diese Disziplin, diese Ethik Es wird eintönig und furchterregend;

Wie ein ungelöstes Problem der Mathematik

Ich mache eine Pause, das wäre schön & kurz Ich seufze erleichtert

Es gibt noch viele Träume, die erfüllt werden müssen Ich brauche meine Seele geheilt und genährt

Ich werde mich an etwas Neuem und Anderem versuchen. Ich werde mir dessen bewusst bleiben, wenn auch ein wenig selbstgefällig.

Dieser eine schöne Tag

*Ich gehe eine lange, tote Straße entlang Warum sollte ich mich
auf ein Ziel konzentrieren? Diese Unzufriedenheit ist meine
eigene Schöpfung Das Leben ist ein Kampf für alle*

Für jede Region & Nation

Wir alle haben es eilig, andere zu übertreffen

*Es ist das Geld, das zählt; Nicht Beziehungen; Freunde und
Brüder, ich warte auf diesen einen schönen Tag*

Wann wir uns die Mühe machen würden

*Wenn etwas Ruhe und Gelassenheit vorherrschen würde Wenn
es überall Ruhe geben würde Wenn Habgier übrig bleibt*

Und die Begierde wird vergehen.

Es muss weg

Ob wir es schnell oder langsam machen? Die Möglichkeiten werden für uns da sein

Es liegt an uns, sie zu spüren, allein werden sie nicht angezeigt. Für Erfolg und Misserfolg haben eine begrenzte Zeit. Wer auch immer kommt und was auch immer kommt, es muss gehen.

Liebe hat ihre eigene Periode und Tempo Hass hat seine eigene Zeit Fehler haben keine Nehmer, keinen Raum

Mehr lernen wir aus unseren Fehlern; mehr wachsen wir

Für Erfolg und Misserfolg haben Sie eine begrenzte Zeit. Wer auch immer und was auch immer kommt, muss gehen.

Lektionen des Lebens

Leben, manchmal sanft, manchmal hart Es wird schwer herauszufiltern;

Was ist echt, wer ist Fake, was ist Farce?

Unser Versagen, eine Person, eine Situation zu verstehen; Ist überhaupt kein Problem!

Das Problem ist, wenn die Lektionen nicht gelernt werden; Nach dem Sturz

Das Leben ist ein ständiger Prozess des Verlierens und Lernens Es braucht ein Leben, um diese Position, diesen Respekt zu bekommen.

Taten und Ausführung stehen an erster Stelle, sonst bleiben die Träume unerfüllt und wir würden uns danach sehnen.

Menschliche Beziehungen

Mensch, ein unsicheres soziales Tier Es gibt diese Bindung zwischen uns

Das hält uns über die Grenzen hinweg verbunden Über die Ethnien hinweg, über die Nationen hinweg werden Menschen ohne Beziehungen nicht überleben

Beziehungen, einige sind falsch und einige wahr Und die wahren, wenn sie kaputt sind; An diesem Tag, dieser Realität, bereuen wir oft

Die Beziehungen sind durch diesen weichen, seidigen Faden gebunden, damit die Beziehungen fest voranschreiten können

Mit größter Sorgfalt muss dieser steile Weg beschritten werden.

Das Schwarze Loch

Ein Körper hört nicht auf, schön zu sein Mit der Anwesenheit eines Maulwurfs

Denn schön sollte nicht der eigene Körper sein Schön sollte die Seele sein

Der Glanz von Sternen in einer Galaxie würde nicht nachlassen; in Gegenwart eines Schwarzen Lochs.

Das letzte Strohhalm

An sich selbst glauben

Glaube an die höchste Macht, dein Schicksal Die Chancen könnten gegen dich stehen

Aber dein Mut würde dich durchbringen. Sei einfach da! Halten Sie es fest;

Selbst mit deiner zerkratzten und verwundeten Kralle halte einfach den letzten Strohhalm fest.

Komplementärfarben

*Sie ist die Königin der Nächte; die Vollmondnacht Schau dir
ihre Schönheit an*
   So hinreißend und hell

*Verschiedene Farben und Schattierungen haben ihre eigene
Anmut*
Der dunkle Hintergrund, der den Mond ergänzt, der weiß ist

*Wenn die Natur sie als Komplementärfarben präsentiert,
warum unterscheiden die Menschen zwischen Schwarz und
Weiß?*

Was ist in einem Namen?

Was ist in einem Namen?

*Es ist der Charakter und die Arbeit, die Ruhm schaffen.
Nicht unbesiegbar blieben die Osmanen*

Wegen ihrer Unfähigkeit, verloren die Römer

*Name könnte Ihnen nur den Vorsprung verschaffen, aber
Name kann keine Erfolgsgarantie sein*

*Du bist nicht mit einem silbernen Löffel geboren, ist eine
Ausrede, die lahm ist*

*Es gibt Möglichkeiten in Hülle und Fülle für dich Aufwachen!
Steh auf! Lassen Sie sich zählen!*

Sei triumphierend und erreiche Ruhm!

Die Kunst des Erfolgs

Es ist nicht das Ende, es ist nur der Anfang Unabhängig von den Renditen müssen wir nur unseren Teil dazu beitragen

Die Ergebnisse sollen langsam sein Ohne Pferd, lass uns den Wagen nicht bewegen!

Dass der Kern des Lebens "Karma" ist, die Arbeit Arbeit Arbeite ständig und arbeite klug Urteile nicht, springe die Waffe

Erfolg ist kein Zufall, sondern eine Kunst.

Die Verfolgungsjagd

In unserem Leben dreht sich alles darum, einen Traum zu verfolgen

Eine Person jagen, die wir lieben Die Jagd ist anders

In der anderen Phase des Lebens

Sie sagen, dass man seinen Träumen nachjagen soll

Und schlage vor, die Person, die du liebst, zu befreien. Die Konzepte von Leben und Liebe sind paradox. Die Konzepte sind dynamisch und flexibel;

Sie unterscheiden sich von Fall zu Fall.

Nichts ist dauerhaft

Nicht in der Vergangenheit, nicht in der Zukunft lebe ich in der Gegenwart

Die Härten haben mich reifen lassen

Es geht ums Träumen und seine Umsetzung Nichts auf dieser Welt ist umsonst

Dies ist der Tag, an dem Sie Tomorrow implementieren sollten. Es gibt Ihnen nie eine Garantie

Warum diese Angst, Wut und Ressentiments?

Situationen werden sich zum Guten ändern, denn nichts ist dauerhaft.

Tragen Sie Ihre Einstellung

Erfolg kommt und geht und Geld und Macht auch.

Auch wenn die Chips unten sind Weit weg ist diese begehrte Krone

Das Leben bleibt dynamisch, vorwärts muss es sich bewegen Luxus & Fülle sind kein Statut

Trage einfach deine Einstellung!

Die Intuition

Warum diese Feierlichkeiten zu einer Leistung? Es ist nur einer der Schritte zu Ihrem Ziel Für den Anblick Ihres Ziels sollte nicht verblassen; Durch diese vorzeitige und vorzeitige Begeisterung

Die Reaktionen sollten in jeder Situation moderat bleiben. Denn es gibt zwei Seiten einer Geschichte;

Es ist sowohl Fröhlichkeit als auch Frustration

Dieser Charakter darf nicht verloren gehen Und Sound sollte deine Vorbereitung sein

Dieses Leben ist lang und die Gelegenheiten knapp Hören Sie die innere Stimme, folgen Sie Ihrer Intuition Ruhe alles ist Farce.

Überlassen Sie es der Natur

Das Leben, eine komplexe Kombination von Spielen
Manchmal scheint es eine faszinierende Schachpartie zu sein

Mit anderen eine stärkere Bindung, die du schaffst Aber, du könntest eine Niederlage mit einem Schachkameraden schmecken

Du stehst kurz vor diesem Gewinn Und nur ein Würfelwurf würde es dauern

Aber deine Träume könnten zerbrechen; der Plan könnte flach auf dein Gesicht fallen

Das Leben ist wie ein Spiel aus Leiter & Schlangen

Was könnte ein Mensch tun?

Haben wir irgendeine Kontrolle über das Verfahren?

Wir könnten einfach unser Bestes geben

Und überlasse es der Natur, den Rest zu erledigen.

Als Sieger hervorgehen

Wer würde mein Moorhuhn hören?

Das Feuer, das in mir brennt Wer wird es löschen?

Ich ersticke in diesem Gefängnis wie die Gesellschaft. Wo zu urteilen, ist ihr Anstand. Wo man seinen Traum ausmerzt, ist ihre Obsession. Aber gegen den Wind zu segeln, ist meine Leidenschaft.

Ich werde mich weiter meinem Ziel nähern In meiner Arbeit und meinen Plänen würde ich meine Seele

Der Erfolg wird meine Beschwerden und ihre Urteile beenden. Ich muss sie und mich aus dieser misslichen Lage herausholen.

Ich würde hart schleifen und auf mein Ziel zugehen

Und glänzen als „Sieger" wie ein Diamant aus der Kohlenmine.

Erfolg

Das Leben ist zu kurz und es gibt so viel zu tun

Taten sind zur eigenen Befriedigung Man hat nichts zu beweisen

Warum sich dann beschweren?

Die Reise des Lebens ist eine gemischte Tasche Es ist eine Kombination aus Freude und Schmerz

Ziel könnte auf beide Arten erreicht werden Es könnte ein Fußgängerweg oder eine Überholspur sein

Aber Erfolg konnte nur durch einen Wahnsinnigen erreicht werden.

Pfad & Schicksal

Der Weg, den ich gehe, ist mein vertrauenswürdiger Freund
Nicht mein Ziel

Für das Ziel ist diese atemberaubende Jungfrau, die mich
wahrscheinlich im Stich lassen könnte?

Aber dieser Weg motiviert mich; mein Bestes zu geben

Und den Rest dieser Natur zu überlassen.

Loslassen

Ich träume von jenen glücklichen Momenten, die ich von jenen sonnigen Tagen träume

Ich bete, dass meine Träume Wirklichkeit werden; und die Realität bleibt für immer bestehen

Aber ich habe die Grausamkeit des Schicksals erlebt Träume sind wie ein Strauß dieser saisonalen Blumen

Denn sie welken & sterben zu früh Und das Leben bleibt ein Kreislauf der Qualen

Warum sehne ich mich immer nach Glück?

Warum entziehen sich mir diese Freuden?

Ich werde diesen momentunen Freuden nicht nachjagen. Ab jetzt wäre es für mich der "Schlüssel", es loszulassen.

Warten Sie, bis Sie an der Reihe sind

Für jede Enttäuschung gibt es Glück Für Melancholie gibt es Freude

Für jede Niederlage gibt es einen Gewinn

Für Tränen in den Augen gibt es ein Lächeln & Grinsen

Das Schicksal gleicht es aus Es ist ein nie endendes Spiel Es gibt immer einen anderen Kampf

Also, niemals eine Niederlage akzeptieren! Niemals erliegen Sie!

Die Natur hat ihr eigenes Gleichgewicht. Du wirst an der Reihe sein!'

Unsterbliche Emotionen

Viele kamen und starben

Gleiche Situationen, gleiche Momente, gleicher Erfolg; Sie genossen, sie schätzten

Warum dieses Gefühl der Anhaftung und dieser Akt des Besitzes? Das Gefühl wird gerissen, von dir auf andere übertragen. Viele weitere würden kommen und die gleiche Erfahrung machen

Wir wären alle weg, nicht diese Gefühle & Emotionen

Denn diese Emotionen sind unsterblich und diese Anhaftung ist eine Farce.

Die universellen Prinzipien

Wo finde ich meine wahre Liebe?
Woher soll ich Mut und Kraft aufbringen?
Ich habe diese unbeständigen Beziehungen verstanden
Ich habe Verrat in Tiefe und Länge erlebt

Es gibt keine Liebe, die wahr ist Es gibt keinen Freund, der echt ist Wenn ich snobistisch und egoistisch bin
Warum sollte ich mich über die Täuschung anderer ärgern?

Wer bin ich, um andere zu beurteilen und zu verändern? Diese Weltordnung ist schon lange gleich Es gibt hier nichts Einzigartiges, nichts Neues.

Frau - die bessere Hälfte

Frauen, die Hälfte dieser Welt Frau, Inbegriff von Schönheit Um ihre Lieben zu schützen

Sie konnte sich erheben, sogar ein Schwert schwingen

Frau, die Schöpferin Ihre Liebe ist blind

Kann nicht zwischen einem Loyalisten und einem Verräter unterscheiden

Frau, der Motor einer Familie Sie verzeiht und vergisst mit ihren Tränen

Lange hat sie keine Bosheit in ihrem Herzen

Frau, die bessere Hälfte Emotional stärker; Sie erreicht ihre Ziele;

Mit Sanftheit, Liebe, Lächeln und Lachen!

Ajit Wadhwa

Die Lebensweisen

Leben eine Mischung aus Höhen und Tiefen Erinnert an das Karussell in einer Messe Die Welt ist eine Messe

Und jeder ist hier ein zwanghafter Teilnehmer; ein widerwilliger Spieler

Die Fahrt muss alleine, im Duo oder mit einem Team unternommen werden

Es ist besser, deine Freuden und Sorgen zu teilen Es ist falsch, alles auf sich zu nehmen, du irrst dich

Ein Begleiter wird benötigt

Die Freuden werden akzentuiert und die Sorgen abgemagert. Es ist eine der bevorzugten Lebensweisen;

Es könnte jedoch veraltet erscheinen?

Ein Team

Ich möchte mich von diesem Krieg und Streit befreien Ich möchte frei von Pistolen und Messern sein

Ich will frei sein von diesem 'tierischen Instinkt'; tief in meiner Seele verwurzelt

Ich möchte ein Beschützer des Lebens sein

Ich möchte ein Empfänger von Liebe und Mitgefühl sein

Ich will nicht das Land und die Ressourcen eines anderen an mich reißen. Ich will frei von dieser Besessenheit sein.

Ich möchte gleiche Rechte und Ressourcen für alle; Für alle Farben, Glaubensbekenntnisse und Abgüsse

Ich möchte zuerst ein Mensch sein

Das höchste Wesen unter allen Spezies Und ich möchte mich wie das höchste Wesen verhalten

Die ganze Welt ist meine Familie, 'Ein Team'

Ajit Wadhwa

Zufriedenheit

Ich habe so lange gewartet, ich habe so hart gemahlen

Ich glaubte an die Wahrheit, ignorierte die Ente, von der ich nicht mehr träumen konnte

Denn Träume ohne Handlung hatten nichts auf Lager

Ich habe auf Arbeit und Handeln vertraut Ich habe an Geduld geglaubt

Denn Erfolg ist eine Reise, kein Ereignis Ein kleiner Gewinn hier, eine kleine Freude dort

Macht mich zufrieden & zufrieden.

Die Erlebnisse

Was ist zu tun und was nicht? Warum bin ich mir in meinen Gedanken nicht klar?

Es gibt viele Ablenkungen, zu viele Optionen Mein Verstand ist überladen

Langsam von dieser Fäulnis gefressen werden

Ich war ein Held, als ich erfolgreich war Ich hatte viele Freunde

Ich hatte meinen eigenen Hof

Aber sie waren alle für mein Geld da und ich verlor immer wieder mein Vermögen;

Schuss um Schuss

Ich bin jetzt kurz vor meinem totalen Rückgang Haben sie mir das angetan?

Die Schrift war an der Wand

Das ist das Ergebnis meiner Handlungen Es ist ein Weckruf für mich Entdeckungen können nicht gekauft werden

Nur durch Leben und Zeit werden sie gelehrt.

Die letzten Tage

Ich fühle mich wie ein fauler Baum

Ich fühle mich wie ein vergessener Baum; Im ausgetrockneten Land

Ohne Kraft, Grün und Männlichkeit Sie konnten mich nur bemitleiden

Mir gegenüber zeigt niemand eine Affinität

Aber es war vor ein paar Jahren nicht dasselbe, als ich einen stattlichen Geldbetrag im Stapel hatte

Mit schönen Mädels um mich herum; Es hat Spaß gemacht

Es war der Himmel für mich mit häufigem Wein & Essen

Bis meine Lieben anfingen, mich zu verlassen, bis sie anfingen, den zu überqueren, den ich am meisten liebte

In meinem dringenden Bedürfnis hat sie sich einfach verlaufen

Die Sterne waren nicht an meiner Seite

Es gab eine riesige Delle in meinen Ansammlungen, mein Stolz, ich bin jetzt allein und zähle meine letzten Atemzüge und Tage. Vertraue niemals blind

Das sagt 'Ajit'.

Das Alter

Sie machen satirische Kommentare zu meinem Aussehen, meinem Alter Aber sie vergessen, dass alle die gleiche Stufe erreichen werden Das Leben ist wie ein Buch

Und die wahre Essenz eines Buches könnte nur verstanden werden, wenn man jede einzelne Seite liest.

Die Gegenwart bleibt der König

Das Leben; die Reise der Zeiten

Die Zukunft wird zur Gegenwart Die Gegenwart wird bald zur Vergangenheit Selten merken wir es

Es geht so schnell

Die Zukunft ist ein Traum und die Vergangenheit nur eine Erinnerung Nur die Gegenwart hat 'Action'

Gegenwart ist das Wichtigste

Es ist die einzige Zeit für die Kurskorrektur des Lebens

Anwesend ist der Entscheider

Es ist mächtig, dein Schicksal könnte schwingen

Wenn die Vergangenheit die Königin der Erinnerungen und die Zukunft der Prinz der Träume bleibt

die Gegenwart bleibt der König.

www.ingramcontent.com/pod-product-compliance
Lightning Source LLC
LaVergne TN
LVHW041621070526
838199LV00052B/3208